MANUAL DE CRÉDITOS Y COBRANZAS

Un Manual Práctico para que Conozcas los Elementos
Fundamentales del Crédito y las Cobranzas

Carmelo Pérez Cabreja

ÍNDICE

CAPÍTULO I: Aspectos Generales del Crédito y las Cobranzas

11. Importancia de la Ética en el Trabajo de Créditos y Cobranzas

12. Tipos de Créditos

13. La Solicitud del Crédito

14. Pasos para Analizar el Crédito

15. Requisitos para Solicitar un Crédito

16. Proceso de Depuración del Cliente

17. Análisis de la Capacidad de pago del Cliente

18. Evaluación de la Capacidad de Endeudamiento del Cliente

19. Determinación de los Factores de Riesgo del Crédito

20. Elaboración de un Informe de Crédito

21. Aprobación o Rechazo del Crédito

CAPITULO II: Gestión de Cobros o Cobranzas

22. La Gestión de Cobros o Cobranzas

23. Diferentes Formas de Cobranzas

24. Importancia de un Plan de Cobranzas

25. Estrategias para una Eficiente Gestión de Cobros

Prólogo

En el fascinante mundo de los créditos y las cobranzas, cada decisión y estrategia trazada puede marcar la diferencia entre el éxito y el fracaso. Es por eso por lo que me complace presentarles este manual, una guía completa y detallada que los acompañará en este apasionante viaje.

En estas páginas encontrarán un compendio de conocimientos, experiencias, técnicas y mejores prácticas que les permitirán dominar el arte de otorgar créditos y gestionar eficientemente las cobranzas. Desde los conceptos básicos hasta las estrategias más avanzadas, este manual ha sido diseñado para cubrir todas las necesidades de aquellos involucrados en el mundo financiero.

A lo largo de la lectura, descubrirán la importancia de un análisis exhaustivo del riesgo crediticio, aprenderán a evaluar la capacidad de pago de los clientes y a establecer límites adecuados. Además, se adentrarán en las diferentes técnicas de cobranza, desde las más amigables hasta las más contundentes, siempre buscando mantener una relación armoniosa con los clientes.

Este manual no solo se enfoca en aspectos teóricos, sino que también brinda ejemplos prácticos y casos reales que les permitirán aplicar los conocimientos adquiridos en situaciones reales. Además, encontrarán consejos útiles para optimizar los procesos internos, mejorar la comunicación con los clientes y minimizar los riesgos.

En resumen, este manual es una herramienta invaluable para aquellos profesionales que deseen destacarse en el campo de los créditos y cobranzas.

Los invito a sumergirse en sus páginas, a absorber cada palabra y a poner en práctica lo aprendido. Estoy seguro de que les brindará las bases sólidas para alcanzar el éxito en esta apasionante área financiera

Introducción

En este manual, exploraremos los fundamentos esenciales de la gestión de créditos y el proceso de cobranza. A lo largo del contenido del manual, aprenderás las mejores prácticas y estrategias para evaluar el riesgo crediticio, establecer políticas de crédito efectivas y gestionar de manera eficiente las cuentas por cobrar.

El objetivo principal es proporcionarte los conocimientos necesarios para tomar decisiones informadas y minimizar los riesgos asociados con la concesión de créditos. Aprenderás cómo evaluar la solvencia financiera de los clientes, establecer límites de crédito adecuados y utilizar herramientas y técnicas para monitorear y controlar las cuentas por cobrar.

También, el vendedor como eje central para realizar ventas efectivas de productos y servicios basándose en que debe centrar su interés en ayudar, asesorar y asistir al cliente para la satisfacción total de sus necesidades, tomando en cuenta que esto facilita la confianza, la compra y la venta, así como la adecuada disposición del cliente a aceptar su propuesta y que se logre una gestión de cobros efectiva en caso de que la operación sea a crédito.

Nuestro enfoque se basa en la combinación de teoría y práctica, utilizando casos de estudio y ejemplos reales para que puedas aplicar los conceptos aprendidos en situaciones del mundo real. También tendrás la oportunidad de aprender cuales son los elementos fundamentales del otorgamiento de los créditos y de la gestión de cobranzas, lo que enriquecerá tu aprendizaje.

Al finalizar este manual, estarás equipado con las habilidades y herramientas necesarias para gestionar eficazmente los créditos y cobranzas en cualquier entorno empresarial.

CAPÍTULO I

Aspectos Generales del Crédito y las Cobranzas

1. Generalidades del Crédito

Al hablar del crédito hay que tener en cuenta que no solo se trata de tomar dinero prestado, sino que también se refiere a la compra de mercancías y productos en distintos tipos de establecimientos, los cuales se les otorgan plazos para ser pagados en el tiempo correspondiente indicado por la empresa.

Los créditos son herramientas financieras que permiten a las personas o empresas obtener dinero prestado para realizar diferentes actividades o proyectos. Estos pueden ser utilizados para adquirir bienes o servicios, invertir en negocios, pagar deudas o cubrir gastos imprevistos.

Existen diferentes tipos de créditos, como los créditos personales, los créditos hipotecarios, los créditos automotrices, entre otros.

Cada uno de ellos tiene condiciones y requisitos específicos, como el plazo de pago, la tasa de interés y los documentos necesarios para solicitarlo.

El proceso para obtener un crédito generalmente implica realizar una solicitud ante una entidad financiera, la cual evaluará la capacidad de pago del solicitante, así como su historial crediticio. En función de estos factores, se determinará si se aprueba o no el crédito, así como las condiciones en las que se otorgará.

Es importante tener en cuenta que los créditos generan intereses, los cuales representan un costo adicional que debe ser considerado al momento de solicitar un préstamo.

Por tanto, es fundamental comparar las diferentes opciones disponibles en el mercado y elegir aquella que se adapte mejor a nuestras necesidades y capacidad de pago.

Además, es importante ser responsable al utilizar los créditos, evitando endeudarse más de lo necesario y estableciendo un plan de pago que permita cumplir adecuadamente con el compromiso financiero.

2. Las Cobranzas

En cuanto a las cobranzas nos referimos a los procesos fundamentales en el ámbito financiero, ya que permiten recuperar los montos adeudados por los clientes o deudores. Se refieren a todas las actividades realizadas para obtener el pago de una deuda o factura vencida.

Existen diferentes estrategias de cobranza que pueden ser utilizadas, dependiendo del tipo de deudor y la situación específica. Estas estrategias pueden incluir recordatorios amigables, llamadas telefónicas, envío de cartas de cobro, negociaciones de pago, entre otras.

Es importante llevar a cabo una gestión eficiente de cobranzas, ya que esto puede tener un impacto significativo en la liquidez y la salud financiera de una empresa. Una mala gestión de cobranza puede generar problemas de flujo de efectivo, aumento de la morosidad y pérdida de oportunidades de negocio.

Es fundamental establecer políticas claras de cobranza, que incluyan plazos de pago, penalidades por mora y acciones a seguir en caso de impago.

Asimismo, es importante contar con un sistema de seguimiento y control de las cobranzas, para poder identificar a tiempo los retrasos en los pagos y tomar las acciones necesarias.

3. Importancia del Crédito y las Cobranzas en una Organización

La importancia del crédito y las cobranzas en una organización radica en la capacidad de gestionar y administrar eficientemente los flujos de efectivo y las finanzas de la empresa. El crédito permite que una empresa pueda financiar sus operaciones, expandirse, invertir en nuevos proyectos y mantener una liquidez adecuada.

También, la correcta gestión de las cobranzas garantiza que la empresa pueda recuperar el dinero adeudado por sus clientes, evitando así problemas de flujo de efectivo y posibles pérdidas.

4. Funciones del Departamento de Créditos y Cobranzas

El departamento de créditos y cobranzas en una organización tiene varias funciones clave. En primer lugar, se encarga de otorgar crédito a los clientes potenciales, analizando su capacidad de pago, su historial crediticio y evaluando los riesgos asociados.

Además, el departamento de créditos y cobranzas establece las políticas y condiciones comerciales para la concesión de crédito, definiendo los plazos de pago, los límites de crédito y las tasas de interés correspondientes.

En cuanto a las funciones de cobranzas, el departamento se encarga de gestionar y realizar el seguimiento de los pagos, emitiendo recordatorios de pago, realizando llamadas telefónicas y enviando cartas de cobro.

Además, se encarga de evaluar y determinar acciones legales en caso de que los clientes no cumplan con sus obligaciones de pago.

5. Beneficios y Riesgos del Otorgamiento de Crédito

Los beneficios del otorgamiento de crédito son diversos. Por un lado, permite aumentar las ventas y la rentabilidad de la empresa, ya que los clientes pueden aprovechar la oportunidad de financiamiento para adquirir productos o servicios. En el mismo orden, el crédito brinda flexibilidad a los clientes al permitirles pagar en cuotas, lo que puede resultar atractivo para aquellos con limitaciones de efectivo.

Sin embargo, también existen riesgos asociados al otorgamiento de crédito.

Uno de los principales riesgos es el incumplimiento de pago por parte de los clientes, lo que puede poner en peligro la salud financiera de la empresa.

También otorgar créditos a clientes de riesgo puede resultar en una mayor exposición a la morosidad y la necesidad de destinar recursos adicionales para el seguimiento y recuperación de deudas.

6. El Ciclo del Crédito y las Cobranzas

El ciclo del crédito y las cobranzas se compone de varias etapas. En primer lugar, se realiza un análisis de crédito para evaluar la capacidad de pago del cliente y los riesgos asociados. Una vez aprobada la solicitud de crédito, se establecen las condiciones y términos de pago.

Luego, se procede a la entrega del producto o servicio al cliente, seguida de la emisión de la facturación correspondiente.

A partir de ese momento, comienza la etapa de cobranzas, donde se envían recordatorios de pago y se realizan gestiones para asegurar el cumplimiento de las obligaciones de pago. En caso de incumplimiento, se pueden tomar medidas como el envío de cartas de cobro, la realización de llamadas telefónicas y en último caso, la adopción de acciones legales.

Finalmente, una vez que el cliente paga la deuda, se registra la operación como cobranza y se cierra el ciclo del crédito y las cobranzas. Es importante destacar que mantener una correcta gestión de estas etapas es fundamental para mantener la salud financiera de la organización.

7. El Perfil del Personal de Créditos y Cobranzas

El perfil del personal de créditos y cobranzas es fundamental para asegurar un adecuado funcionamiento de este departamento en cualquier organización. Este personal debe contar con una serie de habilidades y características que les permitan desempeñar de manera eficiente sus responsabilidades.

En primer lugar, es importante que el personal de créditos y cobranzas sea proactivo y tenga habilidades de negociación. Esto les permitirá comunicarse de manera efectiva con los clientes y lograr acuerdos con relación a los pagos pendientes.

Deben ser capaces de resolver problemas de manera rápida y efectiva, adaptándose a diferentes situaciones y buscando siempre el beneficio tanto de la empresa como del cliente.

De la misma manera, es necesario que este personal tenga una clara orientación al logro de metas y resultados. Deben ser capaces de establecer objetivos claros y trabajar de manera rigurosa para alcanzarlos. Además, deben tener una excelente capacidad de organización y gestión del tiempo, ya que trabajarán con una gran cantidad de información y plazos establecidos.

En cuanto a la formación académica, es recomendable que el personal de créditos y cobranzas tenga estudios en administración, contabilidad, mercadeo o carreras afines.

Esto les proporcionará los conocimientos necesarios sobre los principios financieros y legales relacionados con esta área. Además, es importante que estén actualizados en cuanto a las normativas y regulaciones vigentes en el ámbito financiero.

En resumen, el personal de créditos y cobranzas debe ser proactivo, con habilidades de negociación, orientación a resultados, organización y gestión del tiempo, honestidad e integridad.

Su desempeño adecuado será fundamental para asegurar que los clientes cumplan con sus obligaciones de pago y para mantener un flujo de caja estable en la organización.

8. Habilidades y Conocimientos Necesarios para el Personal de Créditos y Cobranzas

El personal de créditos y cobranzas desempeña un papel crucial en el funcionamiento y la estabilidad financiera de una empresa. Para llevar a cabo sus responsabilidades de manera efectiva, es necesario que cuenten con una serie de habilidades y conocimientos específicos.

En primer lugar, es fundamental que el personal de créditos y cobranzas tenga un conocimiento profundo de los procedimientos y políticas relacionados con el crédito y las cobranzas. Esto implica entender los requisitos y criterios de aprobación de crédito, así como las tarifas e intereses asociados.

Además, deben estar familiarizados con los plazos de pago y las políticas de recuperación de deudas de la empresa.

En ese orden, es esencial que el personal de créditos y cobranzas posea habilidades sólidas de comunicación. Deben ser capaces de establecer y mantener relaciones positivas con los clientes, al tiempo que se mantienen firmes en la implementación de las políticas de la empresa.

Esto implica ser claros y concisos al explicar los términos y condiciones del crédito y realizar un seguimiento proactivo de las cuentas atrasadas.

La capacidad de análisis y resolución de problemas también es vital para el personal de créditos y cobranzas. Deben ser capaces de analizar la situación financiera de los clientes y determinar si son elegibles para recibir crédito.

Además, el personal de créditos y cobranzas deben tener habilidades para identificar posibles riesgos y problemas en las cuentas y tomar medidas correctivas de manera oportuna tal y como lo exige su posición en la empresa.

También es indispensable un buen conocimiento de las leyes y regulaciones relacionadas con los créditos y las cobranzas. Esto les permite realizar su trabajo dentro del marco legal y evitar cualquier tipo de acción ilegal o injusta en el proceso de cobro de deudas.

Por último, pero no menos importante, es fundamental que el personal de créditos y cobranzas tenga una actitud resiliente y orientada a los resultados.

Lidiar con clientes en situación de morosidad puede ser desafiante, por lo que es crucial que puedan manejar situaciones conflictivas de manera adecuada y mantenerse enfocados en el objetivo final de garantizar el cobro de las deudas pendientes.

9. Responsabilidades del Personal de Créditos y Cobranzas

La responsabilidad del personal de créditos y cobranzas es fundamental para el correcto funcionamiento de una empresa, ya que se encarga de gestionar el flujo de efectivo y asegurar el cumplimiento de los pagos por parte de los clientes.

El personal de créditos y cobranzas es el corazón financiero de una organización.

Su tarea esencial es asegurar el ingreso de los recursos necesarios para mantener la operatividad y el crecimiento de la empresa.

Aquí se presentan algunas de las responsabilidades del personal de créditos y cobros:

1. Evaluación de crédito: El personal de créditos y cobranzas debe evaluar la capacidad crediticia de los clientes potenciales. Esto implica analizar su historial crediticio, ingresos, deudas y otros factores relevantes para determinar si son elegibles para obtener un crédito.

2. Establecimiento de límites de crédito: Una vez evaluada la capacidad crediticia de un cliente, el personal de créditos y cobranzas debe establecer límites de crédito adecuados.

Esto implica determinar la cantidad máxima del crédito que se le puede otorgar a un cliente sin comprometer su capacidad de pago.

La efectiva gestión de créditos y cobranzas es un indicador clave de la salud financiera de una empresa, ya que permite controlar el flujo de efectivo y minimizar los riesgos de impago.

"El personal de créditos y cobranzas debe ser proactivo y estar constantemente actualizado en las prácticas y regulaciones financieras, para poder anticiparse a situaciones de riesgo y tomar decisiones acertadas". **Warren Buffett.**

En conclusión, el éxito en la gestión de créditos y cobranzas requiere de habilidades de negociación, empatía y capacidad para resolver conflictos de manera efectiva.

10. Características Deseables de un buen Negociador

Un buen negociador en los créditos y cobranzas debe poseer una serie de características deseables que le permitan desempeñarse de manera efectiva en su labor y así minimizar la morosidad en sus cuentas por cobrar.

Algunas de estas características incluyen:

1. Conocimiento del negocio: Un buen negociador en créditos y cobranzas debe tener un profundo conocimiento del negocio en el que se encuentra, incluyendo los productos o servicios que se ofrecen, los procesos internos y las políticas de crédito y cobranzas de la empresa.

Esto le permitirá entender mejor las necesidades y preocupaciones de los clientes, así como tomar decisiones informadas durante las negociaciones.

2. Capacidad de comunicación efectiva: Un buen negociador debe ser capaz de transmitir sus ideas de manera clara y convincente.

Debe tener habilidades para explicar las condiciones del crédito y las opciones de pago, y poder influir en los clientes deudores para alcanzar un acuerdo beneficioso para ambas partes.

3. Organización: El manejo de documentos y datos resulta básico para poder trabajar con eficiencia en todo puesto. Por esto en este departamento se necesitan personas organizadas que aseguren una localización exacta de los documentos, expedientes y el manejo correcto de los datos de la cartera de clientes.

Además, mientras más automatizado esté el departamento y su personal sepa aprovechar la información, más rápido pueden desempeñar sus funciones.

4. Persuasión: Un buen negociador debe poder convencer e influir en los clientes deudores para que paguen sus deudas en tiempo y forma. Esto implica habilidades persuasivas para argumentar y dar razones convincentes para el pago, así como técnicas hábiles para superar objeciones y resistencias. Esto implica ser capaz de presentar argumentos convincentes, utilizar técnicas de persuasión efectivas y encontrar soluciones creativas que satisfagan las necesidades de ambas partes.

5. Seguimiento y perseverancia: Al tratar con clientes es fundamental darles seguimiento a las llamadas y demás mecanismos de cobros y ser perseverantes utilizando medios que ayuden a la gestión de cobros, ya que la constancia nos hace presente en cada uno de los clientes al momento de generar sus pagos.

Además, se debe mantener una buena relación con las personas encargadas de solicitud de pagos o entrega de cheques de cada empresa.

Esto nos asegurará una distinción respeto a los demás acreedores de esa empresa.

6. Intuición: La intuición es un mecanismo de razonamiento lógico que pueden adquirir las personas y que se va desarrollando conforme a la experiencia a través de los casos que se presentan día a día. El personal de créditos y cobros debe poseer esta habilidad para saber en que momento debe tomar una decisión que concierna a su trabajo.

7. Paciencia y habilidad para manejar situaciones difíciles: Las negociaciones de créditos y cobranzas pueden ser desafiantes y a veces frustrantes.

Un buen negociador debe ser capaz de mantener la calma y la compostura, incluso en situaciones difíciles. La resiliencia le permite enfrentar los obstáculos y superar los contratiempos, manteniendo siempre el enfoque en el objetivo final.

En síntesis, un buen negociador en créditos y cobranzas debe poseer conocimiento del negocio, habilidades de comunicación, capacidad de persuasión y resiliencia. Estas características le permitirán desempeñarse de manera efectiva y lograr acuerdos exitosos con los clientes.

11. Importancia de la Ética en el Trabajo de Créditos y Cobranzas

La ética en el trabajo de créditos y cobranzas es de suma importancia, ya que esta área se encarga de gestionar y administrar los recursos financieros de una empresa. La ética se refiere a los principios y valores morales que guían nuestras acciones y decisiones, y en el ámbito laboral es fundamental para mantener la integridad y la transparencia en todas las actividades relacionadas con los créditos y cobranzas.

Una característica fundamental en el proceso de créditos y cobranzas es la honestidad y la integridad. El personal de créditos y cobranzas maneja información financiera confidencial, por lo que es fundamental que sean personas confiables y éticas.

Deben tener una actitud positiva hacia el trabajo en equipo y la búsqueda de soluciones. La capacidad de trabajar bajo presión también es fundamental, dado que en ocasiones deberán lidiar con situaciones complicadas y clientes incómodos y exigentes.

La ética en el trabajo de créditos y cobranzas implica tratar a los clientes de manera justa y equitativa. Esto significa que se deben establecer políticas y procedimientos claros y transparentes para otorgar créditos y que estos sean aplicados de manera imparcial a todos los clientes.

12. Tipos de Créditos

En este apartado te presento diferentes tipos de créditos a los cuales se incurrirá dependiendo de la necesidad del cliente. Aquí están los siguientes:

1. Crédito personal o de consumo: Este es un préstamo que una persona solicita a una institución financiera, generalmente un banco, para cubrir gastos personales o realizar una compra específica. Este tipo de crédito no requiere una garantía específica como respaldo más que una firma solidaria si fuera necesario de acuerdo con el perfil del cliente.

2. Crédito hipotecario: Este crédito es un tipo de préstamo que otorga una institución financiera o una entidad crediticia a una persona o empresa,
con el fin de que puedan adquirir una vivienda, terreno o un inmueble.

Este tipo de crédito se respalda por una garantía hipotecaria, en la que el inmueble adquirido actúa como aval en caso de que el deudor no pueda cumplir con el compromiso bancario. Este se caracteriza por tener un plazo más largo y tasa de interés más baja que los créditos ordinarios.

3. Crédito automotriz: El crédito automotriz es un tipo de financiamiento concedido por una entidad financiera o una empresa automotriz, que permite a los individuos adquirir un vehículo nuevo o usado sin tener que realizar el pago completo de su valor al momento de la compra. En la mayoría de los casos el vehículo adquirido representa la garantía del crédito.

4. Crédito comercial: El crédito comercial es una forma de financiamiento que una empresa otorga a otra empresa o cliente, permitiéndole adquirir bienes o servicios con la promesa de pago en un plazo determinado. Esta forma de crédito facilita el flujo de efectivo de las empresas, permitiéndoles adquirir los insumos necesarios para su funcionamiento sin tener que realizar pagos inmediatos.

5. Crédito corporativo: El crédito corporativo se refiere a la capacidad de una empresa o corporación para obtener financiamiento a través de préstamos o líneas de crédito otorgadas por instituciones financieras.

Este tipo de crédito está diseñado específicamente para satisfacer las necesidades financieras de las empresas, ya sea para financiar proyectos de inversión, capital de trabajo u otras actividades comerciales.

6. Crédito mercantil: Este tipo de crédito se usa para asegurar bienes para reventa a cambio de una promesa de pago en un tiempo futuro.

El crédito mercantil se refiere al valor intangible que tiene una empresa, más allá de sus activos tangibles, como sus instalaciones y equipos. Este valor se deriva de factores como su reputación, lealtad de los clientes, patentes o marcas registradas, entre otros.

7. Crédito industrial: Este crédito es un tipo de financiamiento que se utiliza específicamente para cubrir las necesidades de capital de las empresas relacionadas con actividades industriales. Este tipo de crédito se destina al desarrollo, ampliación, modernización o adquisición de maquinaria, equipos y cualquier otro recurso necesario para impulsar la producción y mejorar la competitividad de las empresas en dicho sector.

8. Crédito de inversiones: Se refiere a la adquisición de activos fijos, con fines de negocios permanente o a largo plazo.

Este tipo de préstamo o financiamiento ofrecido por entidades financieras, como bancos o instituciones especializadas, tiene como finalidad brindar los recursos necesarios para realizar inversiones en proyectos o activos que generen rendimientos o beneficios a largo plazo.

9. Crédito público: Este es un préstamo otorgado al estado o gobierno de un país.

El crédito público se refiere al mecanismo por el cual un gobierno o una entidad gubernamental adquiere fondos mediante préstamos o emisión de bonos y otros instrumentos financieros, con el fin de financiar actividades y proyectos de interés público, como obras de infraestructura, programas sociales o para cubrir déficits presupuestarios.

10. Crédito de exportación: El crédito de exportación se refiere a una forma de financiamiento que se concede a los exportadores para facilitar sus transacciones comerciales internacionales.

Consiste en la concesión de un préstamo o línea de crédito por parte de una entidad financiera o un organismo estatal, el cual puede ser utilizado por el exportador para cubrir los costos asociados a la producción, transporte y venta de sus bienes o servicios en el extranjero.

13. La Solicitud del Crédito

La solicitud de crédito es un proceso mediante el cual una persona o empresa solicita a una entidad financiera la obtención de un préstamo o crédito.

Este proceso implica la presentación de una serie de documentos que son necesarios para evaluar la viabilidad de la solicitud y determinar si el solicitante cumple con los requisitos establecidos por la entidad financiera.

Para poder solicitar un crédito bancario es necesario cumplir con una serie de requisitos establecidos por las entidades financieras. Estos requisitos son indispensables para demostrar nuestra capacidad de pago y asegurar que seamos sujetos confiables para recibir el préstamo solicitado.

14. Pasos para Analizar el Crédito

El análisis de crédito se dedica a la recopilación y evaluación de información de crédito de los solicitantes para determinar si éstos están a la altura de los estándares de crédito de la empresa.

El análisis de créditos es una herramienta fundamental para evaluar la viabilidad y riesgo de otorgar un préstamo a una persona o empresa.

Este análisis se basa en la revisión detallada de la situación financiera del solicitante, así como en la evaluación de su capacidad de pago y solvencia.

15. Requisitos para Solicitar un Crédito

La documentación requerida puede variar dependiendo del tipo de crédito solicitado y de la entidad financiera en cuestión. Sin embargo, algunos de los documentos más comunes que suelen ser solicitados son los siguientes:

1. Identificación personal (DNI, cédula, pasaporte) para identificar y verificar la identidad del solicitante.

2. Comprobante de domicilio o dirección de residencia del solicitante, acompañado de alguna factura de servicios públicos o un contrato de alquiler.

3. Comprobante de ingresos del solicitante (estados de cuenta bancarios, carta de trabajo, recibos de sueldo o declaraciones de impuestos).

4. Llenar y completar de la solicitud de crédito según la entidad.

En resumen, la solicitud de crédito requiere la presentación de una serie de documentos que permiten evaluar la viabilidad de la solicitud y la capacidad de pago del solicitante.

Estos documentos incluyen identificación personal, comprobante de domicilio, comprobante de ingresos, historial crediticio, estados financieros y posibles garantías. Es importante consultar con la entidad financiera para conocer los requisitos específicos de documentación.

16. Proceso de Depuración del Cliente

El proceso de depuración del cliente para la solicitud de crédito se utiliza para indagar sobre el historial crediticio de una empresa o individuo en los Bureau de crédito, con la finalidad de verificar la capacidad de pago y confirmar los datos suministrados por el cliente.

El Bureau de crédito es una empresa privada denominada Sociedad de Información Crediticia. En ella se lleva un registro de todos los créditos que tiene o ha tenido una persona a su nombre, así como el comportamiento en el pago de dichos compromisos financieros. Esto puede variar de acuerdo con el país.

Para realizar el proceso de depuración de un cliente correspondiente hay que seguir los siguientes pasos:

1. Verificar que los datos estén completos.
2. Confirmar documentos anexos suministrados por el cliente.
3. Buscar información crediticia en los Bureau de Crédito utilizando el documento de identidad del cliente (CICLA, Data Crédito, TransUnion, etcétera)
4. Llamar a las referencias comerciales (compañías u empresas) esto de acuerdo con el tipo de préstamo.

5. Después de ser aprobada la solicitud, se confirman los datos directamente con el cliente.

Puntos que se deben tomar en cuenta a la hora de analizar una solicitud de crédito:

1. Evaluar el reporte de información crediticia
2. Las referencias comerciales (compañías afines confiables)
3. Veracidad de los datos en general
4. Límites de crédito de acuerdo con la capacidad de pago del cliente.
5. Tomar en cuenta el tipo de crédito a ser otorgado (personal, hipotecario, comercial, entre otros)
6. Documentos anexos.
7. Intuición basada en la experiencia por parte del personal de créditos.

17. Análisis de la Capacidad de pago del Cliente

Para realizar este análisis, luego de haber hecho la depuración del cliente, se deben tener en cuenta diferentes factores, como los ingresos del cliente, sus gastos mensuales, sus deudas existentes y su historial crediticio.

Estos datos permiten determinar si el cliente tiene la capacidad económica para asumir un nuevo compromiso financiero y si podrá cumplir con los pagos correspondientes.

Es importante destacar que el análisis de la capacidad de pago del cliente no solo se basa en sus ingresos, sino también en sus gastos y deudas.

Es decir, no basta con que el cliente tenga un buen salario, sino que también debe tener un nivel de endeudamiento adecuado y gastos controlados.

Además, es necesario evaluar el historial crediticio del cliente, es decir, si ha tenido problemas para pagar sus deudas en el pasado. Esto permite determinar si el cliente tiene un comportamiento responsable en cuanto a sus obligaciones financieras.

En conclusión, el análisis de la capacidad de pago del cliente es una herramienta esencial para evaluar la viabilidad de otorgar un crédito o préstamo.

Permite determinar si el cliente tiene la capacidad económica para cumplir con sus obligaciones de pago de manera oportuna y en el tiempo.

18. Evaluación de la Capacidad de Endeudamiento del Cliente

La evaluación de la capacidad de endeudamiento del cliente es un proceso fundamental para determinar si una persona o empresa tiene la capacidad de asumir una deuda de manera responsable. Esta evaluación se realiza teniendo en cuenta diversos factores, como los ingresos mensuales, los gastos fijos y variables, más las deudas existentes.

Para evaluar la capacidad de endeudamiento, es necesario analizar detalladamente los ingresos mensuales del cliente. Esto incluye los salarios, las rentas, los ingresos por inversiones u otros ingresos regulares. Es importante tener en cuenta que solo se deben considerar los ingresos estables y predecibles, ya que los ingresos variables o esporádicos pueden no ser confiables a la hora de asumir una deuda.

Además de los ingresos, es necesario evaluar los gastos fijos y variables del cliente. Los gastos fijos son aquellos que se mantienen constantes mes a mes, como el alquiler, las facturas de servicios públicos y los pagos de préstamos existentes en otras entidades financieras.

Por otro lado, los gastos variables son aquellos que pueden variar mes a mes, como los gastos en alimentos, transporte y entretenimiento.

Una vez que se han evaluado los ingresos y los gastos, se debe calcular el margen de endeudamiento del cliente. Este margen es la diferencia entre los ingresos y los gastos, y representa la cantidad de dinero disponible para asumir una nueva deuda.

19. Determinación de los Factores de Riesgo del Crédito

Conocer los factores de riesgo del crédito es un factor indispensable para evaluar la viabilidad y la probabilidad de que un prestatario cumpla con sus obligaciones de pago. Estos factores de riesgo son elementos clave que las entidades financieras consideran al otorgar un crédito, ya que les permiten evaluar la capacidad de pago y la solvencia del cliente.

Uno de los factores de riesgo más importantes es la capacidad de pago del cliente. Esto implica analizar su historial crediticio, sus ingresos y gastos mensuales, así como su estabilidad laboral. Un cliente con un historial crediticio sólido y una capacidad de pago estable tiene menos riesgo de incumplir con sus pagos.

Otro factor de riesgo a considerar es la solvencia del prestatario. Esto implica evaluar su patrimonio, sus activos y sus deudas.

Un prestatario con un patrimonio sólido y pocos compromisos financieros tiene menos riesgo de caer en morosidad.

También es importante considerar la calidad de la garantía que presente el cliente de acuerdo con el tipo de crédito que desea solicitar (crédito hipotecario o prendario).

Además, se deben tener en cuenta los factores económicos y del entorno. Esto implica analizar la situación económica del país, la industria en la que opera el prestatario y las perspectivas futuras. Un entorno económico inestable o una industria en declive pueden aumentar el riesgo de incumplimiento de pago del prestatario.

20. Elaboración de un Informe de Crédito

Es necesario elaborar de un informe de crédito para evaluar la solvencia y capacidad de pago de un individuo o empresa que solicita un préstamo o crédito bancario. Este informe proporciona a las entidades financieras la información necesaria para tomar decisiones informadas sobre la concesión de crédito.

El primer paso en la elaboración de un informe de crédito es recopilar los datos personales del solicitante, como su nombre completo, dirección, número de identificación y datos de contacto. Estos datos son necesarios para identificar de manera precisa a la persona o empresa que solicita el crédito.

Es importante recopilar información sobre el historial crediticio del solicitante. Esto incluye detalles sobre préstamos anteriores, tarjetas de crédito, hipotecas u otras deudas. Es importante obtener información sobre el monto de la deuda, el historial de pagos y cualquier incidencia o retraso en los pagos anteriores.

Además del historial crediticio, es necesario obtener información sobre los ingresos y gastos del solicitante.

Esto incluye detalles sobre el empleo actual, los ingresos mensuales y cualquier otra fuente de ingresos. Como se mencionó más arriba, también es importante conocer los gastos mensuales, como el alquiler, los servicios públicos, los pagos de préstamos existentes y otros gastos recurrentes.

Una vez recopilada toda la información necesaria, se procede a analizarla y evaluarla mediante un estado de situación que se le debe elaborar al solicitante del crédito para saber la condición del cliente en relación con sus ingresos y que cantidad le queda luego de haber cumplido con sus gastos fijos.

21. Aprobación o Rechazo del Crédito

En esta etapa final, la entidad financiera luego de haber hecho el proceso correspondiente para el análisis y evaluación del crédito procede a tomar la decisión de aprobación o rechazo de la solicitud e informarle al cliente la decisión tomada.

Es importante recalcar que la aprobación de un crédito bancario depende de varios factores en donde se evalúa la solvencia económica del solicitante, es decir, su capacidad para generar ingresos suficientes y estables que le permitan hacer frente al pago de las cuotas mensuales. Esto implica analizar tanto sus ingresos regulares como sus gastos habituales.

CAPÍTULO II

Gestión de Cobros o Cobranzas

22. La Gestión de Cobros o Cobranzas

Las cobranzas son el proceso de recuperar el dinero adeudado por parte de los clientes. La operación básica de cobranza puede conceptualizarse como el conjunto de operaciones necesarias para transformar un activo exigible documentado o no (Créditos) en un activo líquido (Disponibilidades).

Comienza con la existencia de un derecho representado en una cuenta o un documento a cobrar y trae como resultado el ingreso de dinero o algún título representativo de dinero, cheque u orden de pago. Conlleva la distribución y cobro de las facturas, préstamos, tarjetas de crédito, entre otros, así como también velar por el buen funcionamiento del proceso de cobros para minimizar las cuentas incobrables.

23. Diferentes Formas de Cobranzas

La cobranza puede asumir diversas formas en función del tipo de empresa que se trate, de las características de los deudores, de la radicación de los montos a cobrar, del volumen de operaciones, entre otros. Es probable que en una empresa se puedan aplicar más de un tipo de cobranza para lograr la cancelación de los créditos.

Aquí te presento los principales tipos de cobranzas:

-Cobranza por cobradores: en este caso, el personal de la empresa sale a efectuar la cobranza directamente en el domicilio del deudor. Allí se percibe el dinero, los cheques o los pagarés que firma el deudor.

-Cobranza por repartidores: en algunos casos, dada la característica del producto que se comercializa, la cobranza es realizada por el mismo repartidor que efectúa la entrega de la mercadería vendida. Suele ser usada por empresas que se dedican a la venta de productos alimenticios.

-Cobranza por agencia: en este caso el deudor también es visitado en su domicilio. La diferencia radica en que la cobranza es realizada por alguna empresa dedicada especialmente a prestar ese servicio y que fue contratada con ese fin. En realidad, no es una forma muy utilizada, reservándose su uso, generalmente, para el caso de créditos de difícil realización.

-Cobranza por correspondencia: aquí el deudor envía por correspondencia el importe de su obligación.

Normalmente el deudor envia un cheque de manera tal que elimine cualquier riesgo por extravío o sustracción del valor.

-Cobranza en el área de caja: en este caso es el cliente quien se traslada hasta la empresa para realizar el pago de su deuda. Esta forma suele emplearse en los comercios minoristas que venden sus mercaderías a crédito, generalmente cancelables al cabo de un número determinado de cuotas.

-Cobranza por depósito bancario: en algunos casos, el deudor efectúa su pago depositando el importe adeudado en la cuenta corriente bancaria del acreedor.

Generalmente en estos casos se usa un modelo de recibo de depósito especial que tiene una copia más que la habitual.

Esa copia adicional queda en poder del banco, quien la hace llegar a su cliente para hacerle saber a éste de la cobranza que se ha realizado.

-Cobranza de documentos por medio de un banco: entre los servicios que ofrecen los bancos se encuentra el de cobranza de documentos.

En estos casos los documentos a cobrar son entregados al banco. Este envía el aviso de vencimiento al deudor para que efectúe el pago directamente en el banco. Cuando el deudor paga, el banco acredita el importe recibido en la cuenta de su cliente y notifica a éste del éxito de la gestión de cobranza.

Si el documento no fuera cancelado a su vencimiento, el banco puede encargarse del protesto de este.

-Cobranza de exportaciones: cuando el deudor reside en el exterior, la cobranza se realiza normalmente a través de instituciones bancarias que posibilitan que se concrete la operación. El crédito se produce sobre la cuenta corriente del acreedor y el banco le notifica la cobranza efectuada.

24. Importancia de un Plan de Cobranzas

Un plan de cobranzas es fundamental para cualquier negocio. Ayuda a garantizar un flujo de efectivo constante y a mantener la salud financiera de la empresa.

Un buen plan de cobranzas establece políticas claras y procedimientos para gestionar los pagos pendientes de los clientes, lo que reduce el riesgo de morosidad y pérdidas financieras.

Además, permite identificar patrones de pago y clientes problemáticos, lo que facilita la toma de decisiones estratégicas. Un plan bien estructurado incluye recordatorios de pago, opciones de pago flexibles y un equipo calificado dedicado a la gestión de cobranzas.

Esto demuestra profesionalismo y compromiso con los clientes, fortaleciendo las relaciones comerciales a largo plazo.

En resumen, tener un plan de cobranzas sólido es crucial para mantener la estabilidad financiera y el crecimiento empresarial.

25. Estrategias para una Eficiente Gestión de Cobros

Para lograr una eficiente gestión de cobros, es importante aplicar diversas estrategias. Aquí te menciono las siguientes:

- Mantener una comunicación clara y constante con los clientes, recordándoles sus compromisos de pago.
- Ofrecer opciones de pago flexibles y adaptadas a las necesidades de cada cliente, como plazos o métodos de pago alternativos.
- Llevar un registro detallado de los pagos pendientes y establecer políticas claras de cobranzas, respetando siempre los plazos legales.

- Realizar seguimiento proactivo a los clientes morosos, ofreciendo soluciones amigables para evitar conflictos y situaciones.

26. Técnicas de Negociación para la Recuperación de Deudas

1. Establecer una comunicación clara y respetuosa con el deudor.

2. Escuchar activamente las preocupaciones y razones del deudor para entender su situación.

3. Ofrecer opciones flexibles de pago, como planes de pago a plazos o descuentos por pago anticipado.

4. Negociar acuerdos por escrito para evitar situaciones futuras.

5. Mostrar empatía y comprensión hacia la situación financiera del deudor.

6. Mantener una actitud firme pero amigable al solicitar el pago.

7. Utilizar incentivos para motivar al deudor a cumplir con sus compromisos de pago.

8. Establecer plazos y fechas límite claras para el pago de los compromisos financieros.

9. Considerar la posibilidad de ofrecer opciones de refinanciamiento o reestructuración de la deuda.

10. Buscar soluciones creativas y flexibles que beneficien tanto al acreedor como al deudor.

En resumen, es importante que el personal que realiza la gestión de cobranzas tenga una actitud proactiva de acuerdo con su función para la recuperación de cuentas en atraso.

27. Instrumentos para Realizar Cobros o Cobranzas

Los instrumentos para realizar cobros o cobranzas son de esenciales para asegurar la recuperación de deudas de manera efectiva.

Estos instrumentos, como cheques, pagarés o transferencias bancarias, brindan un respaldo legal y documental que facilita el proceso de cobro.

Además, permiten establecer plazos y condiciones claras, lo cual evita malentendidos y conflictos futuros.

Estos instrumentos también proporcionan seguridad tanto para el acreedor como para el deudor, ya que se establece un registro formal de la transacción.

Aquí te presento algunos de los instrumentos de gestión de cobros más utilizados:

-Llamadas Telefónicas

Las llamadas telefónicas deben realizarse a fecha de vencimiento de factura. Estas deben ser constantes y cordiales, de manera que iniciemos el proceso de la forma más amigable posible. Cada oficial deberá trabajar con el listado de sus clientes, para llevar un control de clientes contactados y poder manejarlos.

-Control de llamadas

Cada Oficial de cobros debe tener una agenda, mediante la cual lleva anotaciones y así evitar el margen al olvido de llamadas.

-Visitas Personales a los clientes

Los vendedores, cobradores u oficiales de créditos visitarán a sus clientes con el propósito de gestionar el cobro mediante las facturas originales o el depósito de estas.

-Estados de Cuentas

Con la confrontación del balance podemos confirmar el monto pendiente de los clientes y esto facilitará y agilizará el proceso de pago.

-Cartas Recordatorias

Este tipo de cartas se utiliza para cuando vemos que, a pesar de las llamadas y visitas, no conseguimos respuesta de pago, por lo que se envía una pequeña comunicación informándole sobre su atraso y comunicándole que debe ponerse al día para evitar rechazos de sus próximas solicitudes.

-Cartas notariales o compulsivas

Después de agotar las gestiones anteriores, se recurre a una carta más fuerte donde se le informa al deudor nuevamente su atraso y que de no pagar se deberá recurrir a recuperar la deuda por medios compulsivos.

En resumen, los instrumentos para realizar cobranzas son herramientas fundamentales para garantizar un proceso ordenado y transparente en la recuperación de deudas.

28. El Telecobro como Mecanismo de Gestión. (Importancia y Manejo)

Es importante ese contacto telefónico, porque así nos mantenemos presentes ante el cliente, nos comunicamos directamente sin intermediarios que pueden distorsionar la información, podemos lograr una relación amigable con el cliente o encargados de cuentas por pagar, reconociendo situaciones propias de ellos.

Cuando nos comunicamos telefónicamente con un cliente, debemos estar concentrados en la conversación, saber exactamente a quien dirigirnos, mantener la atención a lo que nos están diciendo y buscar de manera persuasiva la atención del cliente también.

Mantener una postura física erguida, mantener un tono de voz adecuado y agradable. Si estamos recostados, inclinados sobre el escritorio, o en movimiento, la entonación puede variar y el cliente percibe que no hay concentración por lo que no estamos transmitiendo nuestro objetivo.

La respiración en un punto relevante, debe ser una respiración sosegada y tranquila, la cual da impacto a las palabras y suaviza la tensión que existe.

Aunque parezca algo ilógico, sonreír por teléfono es una de las mejores maneras de comunicar simpatía, interés y amabilidad; además, el tono de se hace más natural y cordial. La sonrisa se percibe instantáneamente y resulta agradable para el interlocutor.

Cuando hablamos, debemos procurar que el tono de voz sea natural, es decir, que sea un tono bajo (el teléfono acentúa el volumen), vocalizar, articular correctamente y hablar despacio.

No hacer ruidos identificables como masticar, suspirar, rascarse... si se cae un papel, bolígrafo, entro otros... es mejor dejarlo y recogerlo más tarde, porque en el intento se corre el riesgo de tirar el aparato y posteriormente, tener que dar explicaciones, pedir disculpas, etcétera.

Es fundamental no tapar con la mano el auricular. Las palabras que tratan de ocultarse pueden ser oídas y el efecto es desastroso y descortés, aparte de no causar una buena impresión. Si se estornuda o tose, tape el auricular y a continuación, pida disculpas.

Un buen ejercicio de entrenamiento es telefonear ante un espejo. Aunque parezca ridículo, ayuda a comprobar algún tic nervioso, gestos de impaciencia o aburrimiento.

Mostrar y demostrar buen humor, talante abierto y dialogante es muy positivo, ya que le muestra a nuestro interlocutor que es interesante escucharle y facilita la comunicación con él.

Es importante atender sus demandas u opiniones, sin interrumpir, aunque no se esté de acuerdo con ellas.

El teléfono no debe ser un pretexto para "ir al grano" de manera desconsiderada y olvidando las normas de educación y cortesía. Colgar precipitadamente equivale a dar un portazo. Cuando se produzca la despedida, hay que agradecer la llamada y dejar al interlocutor con la sensación de no haber perdido el tiempo; deje la sensación que tanto usted, como su empresa, se interesan por las personas y ofrecen soluciones y atención inmejorables.

Por otra parte, es importante escuchar, hacer silencio. Muchas veces los clientes aprovechan las llamadas de gestión de cobros para desahogarse, para reclamar algún mal servicio o calidad del producto y utilizan al personal de cobros para manifestar su queja.

Pues en ese momento debemos escuchar, hacer justamente lo que ellos necesitan, hacerles saber que son importantes y que ustedes podrían ayudarlos a resolver el problema, que muchas veces son sencillos.

Por lo tanto, cuando prestamos atención a sus reclamos, los clientes se sienten retroalimentados y acuden a pagar con conformidad. Mantenga el control de la conversación telefónica cuando sus deudores traten de conducirlo por otra vía.

Si bien es cierto que debemos mantener la atención en el cliente o interlocutor y escucharlos, muchas veces, el cliente que no tiene intenciones de pagar busca la manera de crear historias simplemente para dilatar el pago o el proceso de pago.

En virtud de esto, manteniendo un nivel de amabilidad, debemos hacerle saber al cliente que nuestra posición es firme y segura,
no titubear, no dejarnos intimidar por el tono y palabras utilizadas por ellos.

En caso de que el cliente entre en una posición difícil de manejar, lo correcto es colgar, y volver a llamar en otro momento. Es recomendable que le llame otra persona, preferiblemente el Gerente del Departamento, para que el cliente vea que la empresa está interesada en su caso, pero también en recuperar su cuenta pendiente.

En síntesis, la atención telefónica es tan importante como la presencial porque es el único canal con que contamos para establecer conexión con el cliente.

29. Clientes Morosos, ¿Cómo reconocerlos y tratarlos?

El ejercicio del comercio supone siempre la asunción de riesgos, muchos de ellos derivados de la propia coyuntura macroeconómica en la que empresas y economías domésticas se desarrollan.

La tasa de morosidad es un factor sensible a los ciclos económicos de recesión y expansión de la economía y el principal efecto redistributivo de la Inflación, es el que se produce en el valor real de la riqueza de los individuos. La Inflación imprevista redistribuye la riqueza de los acreedores a favor de los deudores, favoreciendo a los prestatarios de dinero y perjudicando a los que lo han prestado.

En un contexto como éste, las empresas pueden llegar a comportarse como entidades de crédito, otorgando aplazamientos de pago a sus clientes lo que las lleva a la asunción de unos riesgos crediticios muy elevados y en el peor de los casos, que no es la minoría, a una situación irremediable de desventaja competitiva que determinará el futuro del proyecto empresarial.

No obstante, e independientemente del ciclo macroeconómico del que partamos, el peligro que la existencia de morosidad representa para las empresas, es una cuestión que puede ser tratada y corregida "localmente" de forma eficiente.

Una de las más coherentes y prácticas, es estar conscientes de la necesidad de una adecuada documentación para cada una de las operaciones comerciales que se realizan, al objeto de proteger eficazmente el riesgo de impago que de las mismas pueden derivarse.

Es necesario garantizar el cobro mediante un adecuado aseguramiento jurídico de todas aquellas operaciones realizadas con los clientes.

Una buena documentación legal, protegerá judicialmente el derecho de crédito de toda empresa, lo que a la larga se traducirá en un ahorro de gastos y disgustos innecesarios.

Existen clientes cuyas intenciones de pago están muy lejanas al tiempo en que la empresa espera recuperar sus cuentas pendientes.

Estos clientes, normalmente, son fáciles de identificar ya que desde el primer atraso en sus pagos podemos percibir que su intención es alargar el tiempo de pago, utilizando excusas que al fin y al cabo no son ciertas, por ejemplo:

El cheque está en proceso para la firma.

- La persona que firma está de viaje.
- La factura no nos ha llegado
- La factura está perdida
- El cheque está listo (cuando el cobrador va no es cierto)
- Cuando el gobierno me pague yo te pago

Cuando nos encontramos con este tipo de clientes, debemos enfatizar con los cobros, agotando todos los medios y dándole seguimiento a los instrumentos de cobros.

Es relevante recalcar que no necesariamente un cliente moroso, caerá en algún proceso legal. De manera amigable, podemos llegar a acuerdos de pago o pagos parciales a la cuenta, ya que no siempre resulta conveniente llevarlo a pagar gastos legales y esto normalmente atrasa la recuperación de la cuenta.

Aquí te muestro algunos puntos básicos que toda empresa debe conocer e implementar en su política de control del crédito y de los impagos:

1.- **Adecuada documentación de las deudas:** es interesante documentar las deudas con títulos que permitan interponer acciones cambiarias, es decir, con letras, cheques y pagarés.

En el caso de cantidades elevadas, es muy importante obtener un reconocimiento previo de la deuda, por escrito y si es posible ante notario, donde el deudor se comprometa a pagar la factura en un determinado plazo.

2.- Prescripción de las deudas: Hay que tener pendiente las cuentas malas, porque el deudor insolvente de hoy puede dejar de serlo mañana.

Por lo tanto, es conveniente revisar periódicamente la solvencia de los clientes morosos.

3.- Inflexibilidad: El peor error lo constituyen las falsas amenazas de acudir a la vía judicial. Es sumamente importante que el acreedor cumpla siempre con su palabra, puesto que de lo contrario perderá toda su credibilidad ante el moroso y ante los demás deudores. Es importante saber que la mayoría de los créditos irrecuperables por vía amistosa se cobran en el momento en que se comunica al moroso la interposición de una demanda judicial.

4.- Rapidez: Ante un impago, lo primero que hay que saber es que el éxito o fracaso en el cobro, depende en gran medida de la rapidez con la que se actúe.

Es muy frecuente que un mismo moroso adeude a varios acreedores, siendo el primero que actúa, quien más posibilidades tiene de cobro.

30. Situaciones Típicas que Conducen a la Morosidad

Existen muchos factores que conducen a que un cliente no cumpla con sus obligaciones financieras en un momento dado como la falta de liquidez económica, pérdida de empleo, gastos imprevistos, mala administración financiera o simplemente falta de conciencia sobre la importancia de cumplir con los compromisos financieros.

Es importante saber que cuando una persona se atrasa con sus responsabilidades financieras esto va causando un desequilibrio en su economía y en su estilo de vida, por tanto, su credibilidad va mermando y esto perjudica sus futuras transacciones financieras en el ámbito del crédito.

En muchas compañías por política comercial, se ejerce excesiva presión sobre los equipos comerciales para acelerar las ventas de los productos. Pero esto tiene como efecto secundario un incremento de la morosidad y la prolongación de los plazos de cobro.

Asimismo, la morosidad en las empresas es un fenómeno habitual por culpa de los siguientes factores:

1) El departamento comercial y/o ventas, concede plazos de pago excesivamente largos a los clientes como estrategia para vender más.

2) Para incrementar la facturación o la penetración en el mercado se está vendiendo a crédito.

3) Los vendedores tienen que alcanzar objetivos ambiciosos de venta y por miedo a perder pedidos o a enemistarse con los clientes no ejercen

suficiente fuerza sobre los compradores para que paguen las facturas al vencimiento.

4) La política de créditos y cobros permite excesiva generosidad en las concesiones de créditos, y además, es demasiado tolerante ante las malas prácticas de pago de los clientes.

5) La gestión de cobranzas y el seguimiento de los cobros a clientes no son efectivos por miedo a molestar a los clientes y esto provoca un alargamiento en el período medio de cobro.

6) Los clientes acaban imponiendo sus condiciones de pago y los plazos de pago se van alargando cada vez más.

7) El sector pasa por una crisis y se produce un incremento de la morosidad de los clientes, ya que no se han tomado a tiempo medidas de control del riesgo crediticio.

Cumplir con los compromisos financieros es de suma importancia para mantener una buena salud económica. Cuando nos comprometemos a pagar nuestras deudas y cumplir con nuestras obligaciones financieras, estamos construyendo una reputación sólida y estableciendo relaciones de confianza con nuestros acreedores.

Además, el cumplimiento de los compromisos financieros nos ayuda a mantener un historial crediticio positivo, lo cual es fundamental para acceder a préstamos, tarjetas de créditos y otras oportunidades financieras en el futuro.

Por otra parte, el incumplimiento de estas obligaciones puede llevar a consecuencias negativas como el deterioro de nuestro crédito, el aumento de intereses y penalidades, e incluso demandas legales por parte de las instituciones financieras. Por tanto, es fundamental ser responsables y cumplir con nuestros compromisos financieros en todo momento.

31. Técnicas de Negociación y Persuasión en el Cobro

El cobro persuasivo se lleva a cabo en la primera etapa de recuperación de la cartera.

Consiste en establecer un contacto con las personas que han incumplido compromisos financieros con nuestra empresa.

El contacto telefónico es importante, porque nos ayuda a proponer mecanismos de negociación para que el deudor entre en una fase de conciliación y pago. Sin embargo, en situaciones de clientes que se niegan al pago, o no hacen presencia a sus llamadas, lo correcto es recurrir a las visitas personales, directamente al dueño o administrador de la empresa deudora.

De esta manera el cliente se sentirá más comprometido a recibirlo, y por consiguiente, hará promesas de pagos que podrían se realizadas.

Como mencioné anteriormente, debemos escuchar al cliente, pero no debemos permitir que él evada su responsabilidad de pago.

Podemos utilizar estrategias de ventas, incluso, para atraer al cliente a la empresa. Eso incluye negociar sus objeciones respecto a la posible inconformidad con el producto que, en los casos de clientes morosos, son excusas para retrasar su compromiso.

32. Conozca ¿Cuáles son sus derechos y límites legales como empresa?

Tal y como te he mostrado y hemos visto durante este manual, lo más importante que debemos conocer que para mantener a la empresa fuera de problemas, son los documentos que sirven de aval o garantía para todas las operaciones crediticias de una empresa.

Dichos documentos deben estar correctamente firmados en lapicero o bolígrafo azul, inicialados y sellados (en caso de empresas), para que tengan validez. Deben mantenerse bajo cuidado especial, en custodia del departamento asignado para estos fines, por regular es el Departamento Legal.

Al igual que esto, es sumamente importante estar actualizado con las leyes que regulan los bureaus de crédito, para evitar posibles demandas que pueden llegar por sorpresa.

Por otra parte, la ley de cheques es vital. Un cheque devuelto no debe pasar de dos (2) meses sin ser protestado, a partir de la fecha de emisión del cheque.

Hay que tener mucho cuidado cuando re-depositamos un cheque, ya que puede ser devuelto nuevamente y perdemos tiempo para protestarlo legalmente. La fuerza legal de un cheque protestado fuera de lo establecido es mucho menor.

En la misma línea de los cheques, es posible encontrarnos con cheques certificados falsificados. Hay que verificar los fondos de los cheques directamente llamando a los bancos.

Si bien es cierto que no guardarán los fondos para nosotros, si es una forma segura de confirmar la veracidad de este.

33. La Gestión de Cobros y su Relación con la Situación Financiera de la Empresa

Como es de entender, la recuperación efectiva de los cobros en la empresa juega un papel importante para la situación financiera de una organización. Es el medio de hacer líquido (efectivo) las cuentas por cobrar, es decir, recuperar la inversión de nuestros productos o servicios.

Un eficiente proceso de cobranza permite mantener un flujo de efectivo constante y reducir la morosidad. Esto garantiza el cumplimiento de obligaciones financieras, como pago a proveedores y salarios.

Además, una gestión adecuada de los cobros mejora la rentabilidad al minimizar las pérdidas por cuentas incobrables.

Para lograrlo, es importante establecer políticas claras, realizar un seguimiento constante de los pagos pendientes y ofrecer opciones de pago flexibles a los clientes.

De esta manera, se fortalece la posición financiera de la empresa y se asegura su crecimiento sostenible.

A lo largo de este manual te he mostrado diferentes estrategias y elementos importantes sobre la gestión de créditos y cobranzas que ayudan a la empresa a realizar un trabajo eficiente y a que el cliente conozca todo el proceso que conlleva.

Es importante recordar que:

La gestión de créditos y cobranzas es una parte fundamental de cualquier negocio, ya que tiene un impacto directo en la liquidez y la rentabilidad de la empresa.

Una gestión eficiente de créditos y cobranzas permite optimizar el flujo de efectivo, minimizar los riesgos crediticios y garantizar el cumplimiento de los compromisos financieros.

Es necesario e importante saber que una adecuada evaluación de los clientes y la concesión de créditos acorde a su capacidad de pago son aspectos clave para evitar la morosidad y los incumplimientos. Es necesario establecer políticas claras de crédito, que incluyan análisis crediticios, límites de crédito y plazos de pago. Además, es fundamental realizar un seguimiento constante de los clientes y mantener una comunicación fluida para asegurar el cumplimiento de los compromisos.

Por otro lado, la gestión de cobranzas es esencial para asegurar el flujo constante de ingresos.

Esto implica establecer procesos eficientes para el seguimiento y recuperación de las cuentas por cobrar.

Es recomendable contar con un sistema automatizado que permita realizar un seguimiento adecuado de las facturas pendientes, enviar recordatorios de pago y gestionar los cobros de manera efectiva.

Además, es importante contar con personal capacitado en la gestión de créditos y cobranzas, que tenga conocimientos sobre las regulaciones legales relacionadas con la recuperación de deudas y que sea capaz de negociar con los clientes en caso de dificultades financieras.

En conclusión, una buena gestión de créditos y cobranzas permite mantener un equilibrio entre otorgar crédito a clientes confiables y garantizar el cumplimiento de los compromisos financieros.

Esto contribuye a la salud financiera de la empresa y a su capacidad para hacer frente a sus obligaciones y aprovechar oportunidades de crecimiento.

¡Bravo! Has llegado al final de este manual de Créditos y Cobranzas. El aprendizaje nunca termina.

CASOS PRÁCTICOS

CASO 1

Juan trabaja como camarero de un restaurante hace 6 meses y cobra un salario de US$800.00 dólares semanales más propinas. Juan nunca ha tomado préstamos y desea adquirir un crédito para comprar un vehículo pues el trabajo le queda lejos y paga mucho de transporte. El valor del vehículo es de US$7,000.00 dólares de los cuales solo tomaría prestado US$5,000.00.

Se le solicita lo siguiente:

Tomando en cuenta que Juan no tiene historial crediticio y solo lleva (6) seis meses en su empleo, determinar si se le puede otorgar el crédito y en qué condiciones.

CASO 2

Una compañía está interesada en un crédito comercial y el oficial de negocios completa el formulario de solicitud en el sistema con los datos correspondientes. La compañía está interesada en adquirir un vehículo valorado en US$20,000.00 dólares que tiene un año sin venderse. El cliente desea tomar un monto de US$10,000.00 dólares, pagando su inicial en efectivo.

-El reporte del historial crediticio de la empresa refleja un buen manejo de sus cuentas y no presenta atrasos.

-El reporte del historial crediticio del dueño de la compañía refleja atrasos en bancos.

Se le solicita lo siguiente:

1. Analizar la solicitud de crédito, determinar si se le debe otorgar el crédito y bajo cuales condiciones.

CASO 3

La empresa Construcciones del Caribe es una compañía que mantiene relaciones con la empresa Víctor Motors Company desde hace varios años, comprando neumáticos para sus vehículos de trabajo.

La política de créditos de la empresa Víctor Motors Company es de 30 días para cobros de facturas. La política de pagos de Construcciones del Caribe es de 60 días, pero por lo regular sus pagos exceden los 60 días.

A la fecha, la empresa Construcciones del Caribe tienen una deuda a la empresa Víctor Motors Company US$5,000.00 dólares, de los meses noviembre y diciembre del presente año y prometen pagos para dentro de 4 días con cheques.

Ellos están interesados en un despacho de mercancías nuevas de neumáticos por un valor de US$3,800.00 dólares. En años anteriores habían tomado un promedio de US$8,000.00 dólares.

Los dueños de Construcciones del Caribe son amigos de los dueños de Víctor Motors Company.

Se le solicita lo siguiente:

1. Analizar la solicitud de crédito, y determinar si se le debe otorgar el crédito, bajo cuales condiciones.

Sobre el autor

Mag. Carmelo de Jesús Pérez Cabreja

Con más de 16 años de experiencia profesional adquirida en diferentes instituciones financieras, desempeñando diferentes posiciones en el área de negocios, así como también en el área educativa como facilitador Técnico Profesional en el área de Ventas, Gestión Administrativa y Mercadeo. Asimismo, como Coach Personal Certificado por el IAC, CLC y Certificación Internacional en Business Coaching, IAC, CLC.

www.ingramcontent.com/pod-product-compliance
Lightning Source LLC
Chambersburg PA
CBHW072335290526
45794CB00002B/879